AF343720

U. MALPUECH

HISTORIQUE

DE LA

PROVINCE DE SAVANNAKHET

IMPRIMERIE D'EXTRÊME-ORIENT
HANOI
—
1920

HISTORIQUE

DE LA

Province de Savannakhet

Avant de commencer l'historique de la province de Savannakhet, il n'est pas sans utilité de jeter un coup d'œil d'ensemble sur l'histoire du Laos.

Ce rapide examen permettra de mieux comprendre les événements, très simples d'ailleurs, et qui ne paraissent pas avoir sensiblement ému la population, qui se sont déroulés dans la province même.

Les provinces de Savannakhet et du Cammon furent celles dont les Annamites s'occupèrent le plus spécialement, avec le Tranninh.

Les raisons en furent sans doute qu'elles étaient habitées par des races peu belliqueuses, et surtout qu'elles étaient d'accès facile ; le col d'Ai lao et celui de Trang-mua (1) étant encore aujourd'hui les deux points les plus importants de la pénétration annamite au Laos.

---

(1) Aujourd'hui un nouveau tracé passe par le col de Keo Nua qui est plus bas et plus facilement accessible.

D'autre part, leur éloignement des capitales des roitelets qui occupaient le bas Laos et Vientiane fit qu'elles ne furent le théâtre d'aucun événement particulier et qu'elles restèrent presque constamment en dehors des grandes luttes qui eurent lieu entre les Thais et les Birmans entre les XIII⁰ et XVIII⁰ siècles.

L'histoire de la province de Savannakhet, tout en restant obscure sur bien des points, peut cependant se dégager de tous ces grands événements et c'est ce que nous essaierons de faire aussi bien que nous le permettront les maigres documents que nous possédons. Car il est malheureusement un fait à constater, c'est que l'on ne trouve nulle part dans la province une documentation sur laquelle l'on puisse s'appuyer d'une façon certaine.

Les Phong Savadan (1) n'existent plus. Tout a été détruit ou emporté lors des incursions siamoises et, seules, la tradition et la légende viennent apporter quelque lumière dans le dédale qui s'offre aux investigations de l'historien qui est obligé de s'aider de ces maigres renseignements, que l'on ne saurait, toutefois, négliger complètement.

Coup d'œil historique sur le Laos.

Origine des Thais. — Malgré les travaux considérables des savants et, en particulier les efforts accomplis par l'Ecole française d'Extrême-Orient un voile épais recouvre encore le passé des populations de race Thai.

Quelle est l'origine de ces races? dont quelques unes sont arrivées à une civilisation relativement brillante, si l'on en croit le peu que nous en apprennent les annales indigènes, les relations de quelques voyageurs, et aussi les traces, peu nombreuses il est vrai, laissées par elles sur l'emplacement de leurs capitales?

Nous allons essayer de résumer, brièvement, les hypothèses les plus vraisemblables sur cette question.

Le Yunnan, à une époque très reculée, ne formait suivant les annales chinoises qu'une sorte de lac immense dont les lacs actuels ne sont que des vestiges.

Les Thais venus soit du Thibet, soit du Sé Tchouen vinrent au bord de ces lacs fonder le royaume de Talé. C'était, au dire des annales siamoises,

---

(1) Annales historiques laotiennes.

une population extrêmement importante, que les Chinois appelaient
« PAY ».

M. Emmanuel Rocher raconte que le royaume de Talé fut
fondé par un prince venu de l'Inde, et répondant au nom Hindou
d'Açoka, lequel se maria avec une femme de race Thai vers 1122 avant
notre ère ; quelque cinquante ans plus tard les annales les nomment
« Al-laò ». Nous retrouvons les Thais alliés aux rois d'Annam pour
repousser les invasions des Khmer.

En 1274 (apr. J. C.) ils combattent victorieusement les Birmans.

En 1276 (apr. J. C.), le royaume est définitivement incorporé à la
Chine.

Les Thais occupaient également le Quang-si, et les Chinois, qui
avaient voulu pénétrer dans cette région en 108 avant J. C., furent
repoussés avec de grosses pertes.

Cependant, deux siècles plus tard, les Chinois s'emparent du territoire après avoir fait assassiner la reine qui les avait appelés pour
l'aider à soumettre des tribus révoltées.

L'importance de la race Thai était tellement considérable qu'un
cours de langue « PAY » était professé à Pékin et ne fut supprimé
qu'en 1748 par l'empereur Khiéu-Long.

Le voile qui recouvre l'histoire de la race Thai devient dès lors de
plus en plus épais.

A quelle époque les Thais envahirent-ils les vallées du Mékong et de
la Ménam ? C'est encore un mystère.

L'on retrouve çà et là leurs traces dans les annales des populations
annamites et cambodgiennes, mais sans que rien ne vienne donner
une idée de la date de leur conquête des peuples qui se trouvaient
déjà sur le Mékong. Quels étaient ces peuples et d'où venaient-ils ?.

Population de la vallée du Mékong antérieure aux Thais. —
L'accord ne s'est point encore fait sur ces questions. Suivant certains
historiens les Malais qui auraient occupé tout le golfe du Siam et le
littoral de la Cochinchine seraient les premiers habitants des pays du
Sud. Refoulée, d'une part par les Khmers et coupée par les Ciampois
cette race n'aurait laissé en Indochine que quelques tribus éparses,
mais puissantes encore, qui auraient alors occupé la région du moyen
Mékong d'où, peu à peu, ils furent chassés par une population nouvelle plus forte et refoulés dans la montagne où on les retrouve encore
aujourd'hui, en train de disparaître, sous les noms de Khas ou de Mois.

Ce qui donne à cette hypothèse quelque vraisemblance, c'est que les
Khas occupaient à une époque relativement récente une grande partie
de la rive gauche du Mékong, où ils ont encore une grande place.

D'autre part, le type de cette race qui, dans quelques tribus surtout, se rapproche considérablement de la race malaisienne, et la ressemblance très grande de langage de ces deux peuples sont encore des preuves qui peuvent être retenues en faveur de cette thèse.

Royaumes thaïs sur le Mékong. — Cependant et bien que l'histoire des principautés de Vientiane et de Luang-Prabang avant l'année 1316 de notre ère nous soit pour ainsi dire encore inconnue, il est incontestable que Vientiane, principalement, a des origines beaucoup plus anciennes.

Les annales et les documents recueillis par M. Pavie nous apprennent qu'à cette époque un de leurs rois nommé Fa Ngom qui avait épousé une fille du roi khmer d'Angkor, fait relaté par les annales cambodgiennes, monta sur le trône en 1356. Fa Ngom eut un règne mouvementé et glorieux. Il vainquit le roi de Siam qui se reconnut son tributaire et repoussa victorieusement les Annamites qui s'étaient avancés jusqu'au Tran-Ninh.

Origines de Vientiane. — D'après un document publié par M. Raquez, la principauté de Vientiane aurait eu son origine dans le Bas Laos, et ce ne serait que vers 457 de notre ère que Vientiane devint la capitale du royaume.

Puis vers 687, la cour aurait été transportée à Luang-prabang qui fut la capitale du royaume jusque vers la fin du XVe siècle époque à laquelle elle revint s'installer à Vientiane sous le roi « Pollisarach ».

Vientiane occupait à ce moment une place prépondérante parmi les races des vallées du Mékong et de la Ménam.

Son intervention fut demandée par plusieurs rois voisins : les Muongs du bas Laos à partir d'Attopeu en reconnurent le roi comme souverain. Enfin, les habitants de Xieng Maï — royaume des « Lan Na », ou des millions de rizières — ayant offert la couronne au roi Pollisarach, celui-ci mourut en arrivant dans ses nouveaux états.

Invasion birmane. — C'est pendant cette période qu'eut lieu l'invasion par les Birmans des états thaïs du Laos, leurs luttes contre les principautés d'Ava, d'Ajuthia, de Lan Na et de Lan Chang emplissent tout le XVIe siècle.

Les principautés thaïs ne durent leur salut qu'à l'esprit d'indépendance qui les animait alors et aussi à la mort du héros birman, le roi Bureng Nang, qui avait rêvé de placer les Thaïs sous l'hégémonie birmane et qui y eut peut-être réussi si le pays eût été plus facile et moins loin de ses bases d'opération.

Le roi Sétak, qui régnait alors à Vientiane, eut à soutenir ces luttes et réussit à sauver son royaume, lorsqu'il disparut subitement.

La magnificence de Vientiane date, très vraisemblablement, de cette époque.

Nous possédons comme témoin de la splendeur de cette cour, le récit enthousiaste laissé par un agent de la compagnie hollandaise des Indes, Gérard Van Wusdhorf qui visita Vientiane en 1650 et fut reçu magnifiquement par le roi. Il décrit avec admiration les palais et les pagodes dont la beauté l'a visiblement ébloui et dont hélas ! il ne reste plus que quelques ruines informes qui démontrent cependant à quel degré de civilisation était arrivé ce peuple.

Royaume de Luang-Prabang. — Ce fut vers l'an 1707 que le royaume de Luang-Prabang fut, à l'amiable, formé d'une partie de celui de Vientiane.

Vers cette époque l'étoile des principautés laotiennes commença singulièrement à pâlir.

Ce n'est qu'une succession de guerres malheureuses tantôt avec le Siam, tantôt avec l'Annam qui tient déjà sous sa domination toute la région des Phu Heun au Tran·ninh, et qui reçoit un tribut des rois de Vientiane eux-mêmes, ainsi que des populations du bas Laos, qui n'étaient d'ailleurs que nominalement sous la tutelle des rois de Vientiane.

Cependant nous voyons encore Vientiane combattre victorieusement le royaume de Luang-Prabang devenu son ennemi et faire de nombreux otages (1792).

Décadence de Vientiane. — En 1800 commencent les malheurs dont Vientiane ne devait jamais se relever.

Le roi de Vientiane ayant refusé de donner une de ses filles, renommée par sa beauté, en mariage au roi de Siam, celui-ci envahit ses états.

Les Siamois furent victorieux, enlevèrent la jeune fille, mais aussi le « Phra Keo », bouddha d'émeraude, qui était regardé comme le palladium de la nation laotienne. De plus, le roi de Vientiane se reconnut tributaire des Siamois et dut, chaque année leur envoyer les fleurs d'or et d'argent en signe de vassalité.

En 1826, le latsavong, 3e mandarin de Vientiane, ayant été envoyé par le roi Chao Anou, porter le tribut à Bangkok accompagnait en même temps un certain nombre d'hommes prêtés au roi de Siam pour exécuter des travaux à l'embouchure de la Ménam. Ce dernier ne trouvant pas la corvée suffisante menaça le latsavong qui lui répondit avec arrogance.

Ce fut l'occasion d'une nouvelle guerre où Vientiane devait disparaître à jamais.

Sac de Vientiane. — Les Siamois envahirent Vientiane et pillèrent la ville. Six ou huit mille maisons furent rasées, ses Thât ou monuments sacrés éventrés, ses habitants emmenés en captivité.

De Vientiane la brillante, de ses palais, de ses pagodes qui excitaient à un si haut point l'enthousiasme de l'envoyé de la compagnie hollandaise des Indes, de toute une civilisation qui fut incontestablement brillante il ne resta qu'une population épouvantée, dispersée dans toutes les directions, et les ruines de tout ce qui attestait sa grandeur et sa gloire.

Cependant, le roi Chao Anou s'enfuit au Tran-ninh qui appartenait à l'Annam depuis le XVe siècle, et qui était érigé en Phu autonome sous l'administration de Chao Noi.

Celui-ci effrayé par le succès des Siamois, et voulant leur plaire, leur livra le roi qui fut emmené à Bangkok où il s'empoisonna.

L'Empereur d'Annam ayant appris la félonie de Chao Noi lui intima l'ordre de venir à Hué expliquer sa conduite ; mais il se garda bien d'obtempérer à cet ordre.

Les troupes annamites occupèrent alors le Tran-ninh et s'emparèrent de Chao Noi qui fut envoyé à Hué et décapité ; sa tête fut renvoyée au Tran-ninh pour y être exposée suivant la coutume annamite.

Occupation de Luang-Prabang par les Siamois. — Le roi de Siam avait, avant de commencer les hostilités contre Vientiane, demandé l'assistance du roi de Luang Prabang. Celui-ci voulut, avant de se prononcer, voir lequel des deux souverains serait favorisé par les armes.

Lorsqu'il constata le succès des Siamois il envoya une petite armée à leur aide. Malheureusement cette armée s'emparait, sur sa route, des villages dependant de Vientiane et en envoyait la population dans le Luang-Prabang.

Les Siamois, furieux, retournèrent leurs armes contre le roi de Luang-Prabang qui fut vaincu et eut sa ville prise. Une garnison siamoise demeura dans la ville.

Reconnaissance de la suzeraineté de l'Annam. — Les petits Muongs indépendants du moyen et du bas Laos s'empressèrent après la chute de Vientiane de reconnaître le roi d'Annam comme leur suzerain bsolu et se placèrent entièrement sous sa domination.

Depuis longtemps déjà, ils payaient un tribut à l'Annam en même temps qu'au roi de Vientiane.

L'Annamite érigea ces Muongs en Huyêns et plaça à leur tête un fonctionnaire annamite ; ce furent les Huyêns de Kammon, Kham Keut etc,... ; les Muongs de Tchépone, Muong Phong, Muong Phine, Muong Vang et Muong Phalane furent rattachés au Phu de Cam Lo.

Incursion des Hos et des Siamois. — Cet état de choses dura jusqu'en 1873. Les Siamois avaient bien cherché au Trân-ninh à créer des difficultés au Gouvernement annamite, mais, soit par les troupes d'Annam, soit par les habitants eux-mêmes ils avaient toujours été repoussés.

Mais en 1873, l'invasion par les Hos, du haut Song-Ma du Luang-Prabang et du Trân-Ninh, servit de prétexte à l'envoi d'un corps d'armée Siamois sur la rive gauche du Mékong.

Les Hos appartenaient à ces bandes que la Chine avait envoyé au Tonkin pour combattre les troupes françaises de concert avec les Annamites.

Les Siamois opérèrent donc contre les Hos entre 1876 et 1880 mais ils en profitèrent pour ruiner tout le haut Laos et emmener au Siam la plus grande partie de sa population.

Vers 1885 et 1886, profitant des troubles causés en Annam par l'insurrection, ils envoyèrent de prétendues reconnaissances géographiques qui parcoururent toute la région.

N'ayant pas rencontré de résistance, ils installèrent des petits postes et prirent possession de tout le pays à partir de Diên-biên-phu, pays du Quan-Dao Deo-van-Tri, et du haut Song-Ma.

Sac de Luang-Prabang. — Luang-Prabang qui assistait les Siamois devait payer fort cher cette incursion dans la capitale de Deo-van-Tri. Celui-ci, de retour de Tuyên-quang, au siège duquel il avait pris part, dirigea ses bandes sur Luang-Prabang qui fut livré au pillage et rasé complètement. Seules les pagodes furent respectées par Deo-van-Tri qui y avait fait une partie de ses études.

Administration siamoise. — Cette main-mise, contre tout droit, sur un territoire appartenant ou dépendant d'un royaume allié et ami fut approuvé par le roi de Siam qui ordonna d'organiser son administration.

Cette administration fut en effet organisée, mais à la manière siamoise.

Les chefs laotiens furent déportés avec leurs familles ; ceux dont l'influence étaient à craindre furent décapités et la moitié de la population envoyée au Siam.

Le Tran-Ninh eut particulièrement à souffrir de ces atrocités. Plus de vingt mille habitants furent poussés de l'autre côté du Mékong. Huit mille à peine arrivèrent à destination.

L'on ne saurait trop flétrir ces procédés barbares, indignes d'une nation qui, même à ce moment, voulait prétendre à la civilisation.

Ruine du pays. — D'un pays riche, occupé par une population tranquille dont la densité sur certains points était considérable, les Siamois ne laissèrent derrière eux que la ruine, la désolation et la mort.

Inaction française. — Il faut bien reconnaitre aussi que notre inaction les encourageait grandement dans la continuation de leur politique.

En effet, malgré les représentations du Gouvernement annamite qui réclamait notre intervention pour faire respecter l'intégrité de l'Empire nous demeurions dans l'expectative.

Les Ministres des affaires étrangères et des Colonies se préoccupaient cependant de la délimitation de la frontière entre le Siam et l'Annam.

Vers 1886, une mission confiée à M. Pavie, notre consul à Luang-Prabang commença à visiter le pays et à recueillir les plaintes des habitants qui demandaient à grands cris qu'on les délivre du joug siamois.

Je passerai sous silence les travaux admirables, et si féconds en résultats heureux de cette mission, travaux qui ont été d'ailleurs publiés et auxquels sont empruntées une grande partie des lignes ci dessus.

Accord franco-siamois 1889. — M. Pavie pût donc signer en 1889 un accord avec les Siamois dans lequel il était stipulé que l'on reconnaitrait provisoirement comme frontière la ligne de postes établis par les Siamois, jusqu'au règlement définitif de la question.

Mais cette convention n'empêcha pas les Siamois de continuer leur marche en avant, agissant en conquérants, levant les impôts, nommant et révoquant les fonctionnaires.

Toutes les circonstances étaient d'ailleurs faites pour les encourager dans cette ligne de conduite. La campagne active qui se menait en France contre notre expansion coloniale, les articles antipatriotiques des journaux de l'opposition reproduits avec empressement et commentés par la presse anglaise de Bangkok, leur faisaient entrevoir à brève échéance la ruine de l'Empire d'Annam et son évacuation probable par les troupes françaises.

Action française ; assassinat de M. Grosgurin ; traité du 3 août 1893. — Ils eurent même l'audace de s'avancer jusqu'en pays annamite, de s'y installer et d'y percevoir l'impôt.

Nous résolûmes alors de nous porter en avant, d'établir nos postes sans nous occuper de ceux installés par les Siamois et de nous avancer à notre tour vers le Mékong. Mais les Siamois n'abandonnaient le pays que lentement et annonçaient partout leur retour prochain.

Il est difficile de prévoir l'issue qu'eut pu avoir cette aventure si l'assassinat de l'Inspecteur de la Garde indigène Grosgurin, lâchement perpétré par les Siamois à Keng kiet, n'eut fait enfin ressortir la mauvaise foi et la duplicité du Gouvernement siamois.

Ce fut la goutte d'eau qui fit déborder le vase et qui détermina le Gouvernement français à agir.

Nos canonnières franchissant Paknam sous le feu des Siamois, atteignirent Bangkok, et la cour affolée et surprise par cette hardiesse de décision, à laquelle nous ne l'avions point habituée, accepta avec empressement l'ultimatum que nous lui imposâmes le 5 août 1893.

Par le traité du 3 octobre 1893, le Siam renonçait à toutes ses prétentions sur la rive gauche du Mékong et reconnaissait une zone neutre de 25 kilomètres sur la rive droite de ce fleuve qu'il s'engageait à ne pas occuper militairement.

Enfin, en garantie de l'exécution du traité nous nous réservions le droit d'occuper la rivière et la ville de Chantaboun.

Le Gouvernement siamois fut tout heureux de s'en tirer à si bon compte. Renoncer, en effet, à la propriété de biens sur lesquels il n'avait aucun droit ne lui parut point excessif.

Occupation française. — Nous rentrions en possession d'un pays désert, dévasté et ruiné par 20 ans d'occupation siamoise, vide des habitants qui avaient tous été transportés sur la rive droite du Mékong où sur la Ménam, et cela sans autre compensation.

Or, ces territoires nous appartenaient incontestablement puisque nous ne faisions que revendiquer les droits séculaires de l'Annam sur eux.

L'on se demande dans ces conditions pourquoi nous n'exigeâmes pas l'abandon par le Siam de la vallée du Mékong tout entière.

A cette époque cela eût paru tout naturel et personne n'y eût mis opposition, pas même les Anglais qui nous combattaient sourdement à Bangkok. Le Siam lui-même eût encore été trop heureux d'accéder à nos exigences.

Enfin les droits de l'Annam étaient indiscutables sur une grande partie de ces territoires qui avaient été sous sa domination jusque vers 1830 et dont les Siamois s'étaient sourdement emparés suivant leur habitude. Que d'ennuis nous nous serions évités pour l'avenir au point de vue politique et surtout au point de vue économique !

Ce traité de 1893 contenait trop d'imprécision pour pouvoir régler longtemps les relations des deux pays.

Ses imperfections ne tardèrent pas en effet à apparaître dans la pratique.

L'imprécision de la nouvelle frontière dans le bas et le haut Laos donnait souvent lieu à des tiraillements entre les chefs indigènes, que nous étions dans l'impossibilité de mettre d'accord.

En outre cette zone de 25 kilomètres était le refuge de tous les voleurs de la rive gauche. Là, les malandrins jouissaient d'une impunité certaine, la police n'étant pas faite dans la zone et les autorités siamoises opposant la plus grande force d'inertie aux demandes des autorités françaises.

Traité de 1904. — D'autre part, le traité de 1893 avait eu pour résultat de couper en deux le royaume de Luang-Prabang dont une partie se trouvait sur la rive droite du Mékong, ce qui faisait l'objet de revendications incessantes des deux parties.

Une nouvelle convention était donc devenue nécessaire.

Elle fut conclue en 1904.

Ce nouveau traité revisait la frontière entre le Siam et le Cambodge d'une part et le Siam et le Laos d'autre part.

Le Siam renonçait à tous ses droits sur la partie du royaume de Luang-Prabang située sur la rive droite du Mékong.

Une commission de délimitation était instituée à l'effet de procéder sur le terrain à l'abornement définitif suivant la nouvelle convention.

D'autre part, la France s'engageait à évacuer Chantaboun aussitôt que l'accord relatif à la délimitation des frontières serait établi.

La situation de nos ressortissants au Siam subissait également un changement appréciable.

Enfin la France acquerrait un droit de priorité pour l'exécution des travaux publics dans le bassin siamois du Mékong, notamment en ce qui concernait les chemins de fer destinés à relier la capitale à un point quelconque de ce bassin, dans le cas où ces travaux ne pourraient être exécutés exclusivement avec des capitaux siamois et exploités avec du personnel exclusivement siamois.

Traité de 1907. — La commission de délimitation sous la direction de M. le Lieutenant-Colonel Bernard effectua ses travaux en 1906 de concert avec la commission siamoise, et le 23 mars 1907 un nouveau traité était conclu règlant d'une façon définitive les relations entre les deux pays et fixant leurs frontières.

Par cette nouvelle convention, le Siam, en échange des territoires de Dan-Sai et de Kratt et surtout de l'abandon de notre droit d'ex-territorialité sur nos ressortissants au Siam, nous cédait Battambang, Siem Réap et Sisophon, provinces très riches, ardemment revendiquées par le Cambodge à qui elles avaient été enlevées par les Siamois en 1810 à l'issue d'une guerre malheureuse.

Le Laos ne gagna rien dans ce nouvel accord. Le roi de Luang-Prabang fut mis en possession définitive de son territoire de la rive droite auquel le Siam avait renoncé depuis 1904.

Le royaume de Bassac dont nous possédions déjà une partie sur la rive gauche nous fut cédé. Également quelques territoires déserts au Sud des Dang-Rek, habités seulement par la fièvre paludéenne et qui furent laissés au Cambodge.

D'autre part, par la convention de 1896 avec l'Angleterre nous nous sommes interdits d'acquérir aucun avantage particulier dont le bénéfice ne pourrait être commun aux deux nations et à ses ressortissants et nous sommes engagés à maintenir l'indépendance du Siam, si cette indépendance était menacée par un tiers et contraire aux intérêts des deux nations.

L'unité siamoise est donc aujourd'hui un fait accompli grâce aux compétitions des puissances européennes.

Critique du traité. — Tous ces arrangements sont bien définitifs ; aussi est-il permis de formuler quelques réflexions sur la façon dont nos fondés de pouvoirs ont compris leur mission en 1893

La grosse erreur qui a été commise consiste évidemment dans la non réclamation des territoires de la rive droite du Mékong qui nous auraient été accordés sans difficulté très probablement.

Ces territoires, ce qui n'a point changé depuis, étaient complètement peuplés de Laotiens, dont la plus grande partie provenait de la rive gauche.

D'autre part, les territoires de la rive droite étaient autrement riches que ceux de la rive gauche. Les vallées du Moun et, surtout, celle du Si sont de grosses productrices de riz. Il en est de même de la région de Nong Han qui contient une population très dense.

Enfin la possession de ces territoires nous aurait laissé la jouissance de toute la vallée du Mékong et nous aurait permis de mettre, à notre gré, une barrière économique entre le Siam et nos possessions et d'empêcher l'entrée des marchandises étrangères.

Nul doute que nos commerçants eussent largement profité de ces avantages et qu'ils eussent pu lutter victorieusement contre le commerce anglais et allemand.

Mais une autre erreur a été commise qui est plus surprenante encore car, dès cette époque, le pays était connu et son importance commerciale appréciée.

L'année qui précéda la signature du traité, le Siam avait commencé la construction d'une voie ferrée qui devait atteindre le Moun à Korat c'est-à-dire la vallée du Mékong.

L'occasion se présentait donc superbe, d'ouvrir exclusivement à notre commerce un pays neuf, peuplé, et sinon riche, du moins appelé à un grand développement économique.

Personne n'ignorait ces faits, et nos plénipotentiaires moins que quiconque, et cependant nous occupâmes Chantaboun en gage de l'exécution des clauses du traité.

Pourquoi n'occupâmes-nous pas Khorat, Oubone ou Nong Khay ? Et pourquoi Chantaboun ?

Nous avons beau chercher, nous ne trouvons aucune réponse à cette question.

Chantaboun est une ville sans importance, un port de rien, ouvrant un arrière pays sans aucune valeur et, de plus, complètement isolée de nos possessions.

Nous ne pouvons croire que nos plénipotentiaires se soient laissés éblouir par les mines de saphir, d'où l'on ne tire que des pierres presque sans valeur et en petites quantités. C'est cependant la seule raison qui se présente à notre esprit.

L'occupation de Khorat, Oubone et Nong-Khay ou de l'une des deux premières villes seulement, non seulement aurait facilité l'établissement de nos commerçants et leur exploitation du pays, mais encore nous aurait acquis des droits incontestables que les signataires des traités de 1904 et 1907 auraient pu avantageusement mettre en avant.

Si l'occupation de ces points avait pu être effectuée, nous aurions certainement aujourd'hui un Laos français puissant et riche. Les problèmes économiques qui se posent actuellement seraient résolus très probablement depuis longtemps et l'Indochine n'aurait pas trainé pendant d'aussi longues années, le boulet que constitue, pour elle, le Laos au point de vue budgétaire.

* *

Trois races distinctes se partagent la province de Savannakhet : les Laotiens, les Phu Thais et les Khas.

Ces races occupent chacune des parties différentes de la province et leur importance varie considérablement.

Les Laotiens habitent les bords du Mékong et forment le dixième environ de la population.

Les Phu Thais occupent le centre et l'est de la province, jusqu'à la chaine annamitique et rentrent à peu près pour cinq dixièmes dans la population totale.

Enfin les Khas, disséminés sur tout le territoire de la province, mais dont les villages sont particulièrement nombreux dans la montagne ou à sa proximité, forment le reste ; c'est incontestablement la partie la plus importante de la population.

Quel est l'origine de ces races ? C'est une question bien difficile à résoudre étant donné l'absence complète de documents sérieux permettant d'y répondre avec assurance.

L'histoire certaine de ces populations reste d'ailleurs à faire sauf pour le peuple laotien proprement dit dont l'origine a passionné quelques voyageurs qui sont encore loin cependant d'avoir résolu la question d'une façon précise.

Ce n'est donc qu'en s'aidant des annales des royaumes voisins que l'on peut apporter quelque lumière sur l'historique de la province et sur les habitants qui l'occupent.

Les Phu Thais ont bien une tradition historique qui a été passée de générations en générations, mais rien n'a été écrit et il en résulte que ces récits, le plus souvent fantastiques, se bornent à des descriptions arides et succinctes des événements sans qu'une date, en venant apporter un peu de lumière, permette de les rattacher d'une façon certaine à l'histoire des peuples voisins.

Malgré tout cependant, elles sont intéressantes à plus d'un titre et si elles ne permettent pas d'en déduire l'histoire de la race, elles sont d'un grand secours pour identifier certains faits et surtout pour expliquer certains actes des populations qu'elles intéressent, qui, sans cela, nous resteraient incompréhensibles.

Il est vraisemblable que les Khas occupèrent à l'origine la province de Savannakhet tout entière, et même celle de Saravane à l'exception des territoires de Muk Dahan (une partie du Muong Kantabuli actuel), Kampong Nhai et Bassac.

D'où venaient ces Khas ?

Et d'abord le mot « Khas » ainsi que le mot annamite « Moi » ont tous deux une même signification : sauvage. Ils n'indiquent donc point une race proprement dite, et les Laotiens comme les Annamites comprennent dans cette appellation toutes les tribus qui habitent surtout la chaine annamitique depuis la frontière de Chine jusqu'à la Cochinchine.

Les Khas seraient-ils la population antochtone ? Quelques uns l'affirment, mais l'accord est loin d'être fait sur cette question. Ils avancent que les Khmers et les Ciampois auraient d'abord chassé devant eux les Malais et la population autochtone vers 281 avant notre ère, puis une seconde fois, les Malais auraient été à nouveau refoulés par les Khmers vers le XII⁰ siècle.

Cette hypothèse est tout à fait vraisemblable et mérite d'être retenue.

Cependant certains historiens pensent que les Khas ne pourraient bien être que les restes d'une population malaise nombreuse qui aurait occupé la Cochinchine à une époque fort reculée qui se placerait avant l'apparition des Khmers et des Ciampois.

Chassés par ces dernières populations qui apportaient avec elles une civilisation plus avancée, une partie de ces Malais se serait retirée dans les îles d'où elle revint souvent attaquer et dévaster les côtes d'Annam.

L'autre partie s'enfonça dans l'intérieur et remonta le Mékong où elle s'installa et prospéra grâce à la tranquillité dont elle paraît avoir joui pendant de longues années, jusqu'au moment où des populations venues du Nord la refoulèrent à nouveau et achevèrent la décadence des races qui subsistent encore aujourd'hui et qui, malgré tout, ont conservé leur langage et leur physionomie propres.

Cependant, le degré de civilisation de ces races ne paraît pas avoir jamais été très élevé.

Ayant eu très peu de contact avec les peuples de civilisation plus avancée du bassin de Mékong, préférant fuir que de se laisser absorber par l'envahisseur, ces tribus durent très probablement se tenir en dehors des grands mouvements d'hommes, et l'état dans lequel elles se présentent aujourd'hui à nos yeux n'a pas dû être de beaucoup dépassé au moment de leur plus grand développement.

Les Thais ne paraissent pas, au début, avoir occupé en très grand nombre la province de Savannakhet. Cependant, il est certain que cette population était beaucoup plus nombreuse qu'elle n'est aujourd'hui avant l'invasion siamoise et son exode forcé vers la rive droite du Mékong.

Les Khas qui occupaient la contrée à ce moment ne paraissent pas avoir été très affectés par l'arrivée de cette race dans la région qu'ils occupaient.

Il semble au contraire, qu'à leur contact, ils aient acquis un vernis de civilisation qu'ils étaient loin de posséder.

En tous cas, il parait à peu près certain que le refoulement des Khas vers la montagne ne date pas de l'arrivée des Thais.

Peut-être ceux-ci n'arrivèrent-ils qu'en petit nombre dans une région qui était déjà très éloignée de leur pays d'origine et qu'ils se contentèrent de prendre aux Khas la place qu'ils occupaient sur les bords immédiats du Mékong.

Ce qui donne quelque foi à cette hypothèse c'est que l'on retrouve des Khas très près du Mékong et que l'état de civilisation de ces tribus est en raison directe de leur proximité du grand fleuve.

Il n'en est pas de même ainsi que nous le verrons plus loin de celles de ces tribus en contact avec les Phu-Thais, qui, elles, n'ont fait que dégénérer, sous la poussée d'une race qui, habituée elle-même aux rudes travaux de la montagne n'a cessé de chercher à gagner le terrain dont elle avait besoin.

Comme d'autre part sa civilisation était certainement inférieure à celle des Laotiens des bords du Mékong elle n'hésita pas à employer tous les moyens pour assurer l'asservissement d'une race dont la décadence commençait déjà et qu'elle considérait comme inférieure.

D'ailleurs, toutes ces tribus vivaient sans cohésion, ne connaissant que leurs chefs, et, le plus souvent, en état de guerre constant.

Habitant un territoire appartenant au roi de Vientiane, ces tribus ne furent jamais sous les ordres directs de cette principauté, qui d'ailleurs, parait s'en être complétement désintéressée.

Aussi, les Khas, sentant malgré tout le besoin d'avoir un protecteur sûr, car le bruit des batailles qui se livraient autour de Vientiane n'était pas sans arriver à leurs oreilles, s'empressèrent-ils, dès le XVe siècle, de se placer sous la protection de l'Annam.

La dynastie annamite des Lê s'occupa de l'administration de leur pays.

C'est déjà de cette époque que date la division du pays en neuf Châus formant l' « Ai Lao Dinh ».

Ce sont :

Le Châu de Mangvang	—	Muong Vang actuel ;	
Chà-Son	—	Sé-Pone	—
Thuong-Ké	—	Muong-Nong	—
Tram-Bon	—	Cham-Phone	—
Xuong-Khan	—	Xieng-Hom	—
Pha-Ban	—	Pha-Bang	—
Lang-Thinh	—	Muong-Phine	—
Muong-Bong	—	Muong-Phong	—
Ba-Lan	—	Phalane	—

Et c'est ici que les Annales annamites ne sont pas d'accord avec la tradition. D'après cette dernière, en effet, la formation en Muongs ne se serait faite qu'après l'arrivée des Phu-Thais dont les principaux d'entre eux auraient été mis à la tête de ces circonscriptions.

Or, il est difficile sinon impossible de fixer par une date précise l'arrivée des Phu Thais dans la province.

Ce que l'on peut considérer comme à peu près certain c'est que ces individus provenaient des « sip song Châu Thais » et avaient quitté la Rivière Noire pour le Laos, pour échapper, dit la tradition, aux exactions de leurs mandarins.

Ils seraient donc des descendants des Thais du royaume de Ba Thuc (Cao Bang), qui après leur dispersion vinrent s'installer sur la Rivière Noire et dans le Nghê An et Thanh Hoa, et que les Annamites durent combattre à plusieurs reprises sous les Lês antérieurs.

Le langage, en tous cas, s'est conservé identique. D'ailleurs sauf certaines terminaisons de mots, c'est absolument la langue laotienne ou thai, qui est parlée par ces populations.

Si donc l'on veut mettre d'accord la tradition Phu Thai et les Annales annamites il faut admettre que les Phu-Thais arrivèrent dans la province vers la fin du XVe siècle, époque de faste pour Vientiane sous le règne du roi Pottisarach.

Ce fut une invasion toute pacifique. Une centaine de familles environ, d'après la tradition que je vais laisser parler, conduites par les trois fils d'un Chau Muong de « Nam noi oi Nu » nommés Thao Han, Thao Hun et Thao Han Dong, vinrent trouver le roi de Vientiane et lui demandèrent des terres à cultiver.

Ce dernier leur indiqua les bords de la Sé Noi.

Selon toutes probabilités ils y arrivèrent par le Khammon et Mahasay puisqu'ils s'arrêtèrent aux environs du « Pha Kat » qui est un massif calcaire sur la route de Ban Na Nhom à Mahasay.

Là, ils rencontrèrent des Khas qui s'enfuirent à leur approche.

Cherchant un terrain propre à la création d'un Muong ils décidèrent de s'arrêter au pied du Pha Bun à proximité d'une grotte dans laquelle se trouvait le Boudha Ong Sen.

Le Pha Bun, que j'ai visité, est un énorme massif calcaire isolé au bord de la Sé Noi, à une heure et demie au Nord Est de Ban Na Nhom, près du village Kha de Ban Na Thong Thun. Ce massif est lié par un autre beaucoup plus petit au sommet voisin, le « Pha Bat », dont il sera parlé plus loin. Le Boudha « Ong Sen » se trouve, non dans une grotte proprement dite, mais dans une anfractuosité de la roche fermée à l'extérieur par une paillotte.

Pont sur la Se Koun Kham.

Passage à gué (Nam Xa Nghi).

Le Boudha est une belle statue de bronze mesurant de 1 m. 20 à 1 m. 40 de hauteur. Il est assis et avait, parait-il, des yeux d'émeraude qui auraient été dérobés par des malfaiteurs restés inconnus.

Il est accompagné de deux autres boudhas de moindres dimensions mais d'une belle facture.

– La légende veut que le Boudha Ong Sen soit venu seul, de Vientiane en ce lieu.

Quoiqu'il en soit, la présence en un tel lieu d'une pareille pièce de bronze est d'autant plus faite pour surprendre que nulle part dans la région l'on ne trouve un boudha de bronze de cette facture et de cette grandeur.

La fonte parait avoir été complètement ignorée des Phu Thais. Dans aucune pagode l'on ne rencontre le moindre petit objet attestant le développement de cet art. Tous les boudhas, et ils sont en petit nombre, que l'on voit, sont de grossiers produits de l'industrie laotienne sans aucune espèce de valeur.

Le transport de « Ong Sen » a donc dû coûter de gros efforts à la population pour l'amener jusque là, à moins cependant que l'on ait pu le monter par la Sé Noi, ce qui est douteux.

Donc, les Phu Thais, après avoir fait leurs prières à « Ong Sen », lui demandèrent comme preuve de son acquiescement à leur installation dans le pays de donner la faculté à l'un deux de le soulever de terre : ce qui leur fut accordé (1).

En descendant du « Pha Bun » ils aperçurent dés Khas à qui ils demandèrent quel était leur maitre.

Ceux-ci ne les comprenant point, il fut décidé que le second des frères Thao Un s'installerait dans la région et avec l'aide des Khas formerait un Muong Vang.

Thao Un donna même sa sœur en mariage au premier Kha qu'ils avaient rencontré, qui fut exclusivement chargé de faire les sacrifices au « Phi » du Muong, chargé dont est encore gratifié le village de Ban Na Thong Thun. (2)

Ces Khas étaient de la race des « Phong Mi Pheng Jang » et obéissaient à un chef kha, qui, si l'on en croit la tradition, étendait son autorité bien au delà du territoire de la province.

Aussi est-ce auprès de ce potentatique les Phu Thais furent amenés.

––––––––––––

(1) Cette statue doit peser environ 5 ou 600 kilos.
(2) Ban Na Thong Thum, village sur la Sé Noi à une heure au nord de Ban Na Nhom.

Il habitait le village de « Pheng Mi Pheng Jang ». Ce village était situé sur les bords de la Sé Pone, dont il occupait les deux rives, un peu au-dessus du village actuel de Ban Dong.

D'après les mandarins il existerait encore des représentants de cette race dans les villages khas de Ban Jang, non loin du village de B. Dong sur la rive gauche de la Sé Pone et de B. Pa. Jut, à deux heures au nord de B. Dong.

Ils m'ont même raconté que lorsqu'il s'élevait quelques difficultés avec ces villages, ces derniers reprochaient aux mandarins leur sévérité en leur rappelant le temps où ils étaient les esclaves de leurs ancêtres.

La tradition rapporte qu'à cette époque il y avait deux rois, ou sadets, reconnus par les Khas de toutes races ; l'un habitait les régions du sud, l'autre résidait à Ban Dong.

Les habitants auraient même conservé quelques souvenirs provenant des « Pheng Mi Pheng Jang ». C'est ainsi que le Chau Muong de Tchépone possède un gong en cuivre de 0,60 centimètres de diamètre qui aurait été déterré sur l'emplacement d'un ancien village de cette race : il est placé sur un tumulus aux environs de Tchépone où chaque année est fait un sacrifice pour demander la protection des ancêtres.

Le même Chaumuong possède un morceau d'étoffe assez curieux qu'il assure provenir des « Pheng Mi Pheng Jang »

C'est une bande d'étoffe en assez mauvais état, large de 0,30 ou 0,40 centimètres, ayant fait partie d'une robe ou « sin » dont le corps n'existe plus.

Les Annamites n'ayant, à ma connaissance, jamais porté ce genre de vêtement, la provenance en semble bien exacte.

Quant à son ancienneté, il est bien difficile de me prononcer.

La facture en est toute entière annamite, et il semble, à considérer la richesse de l'étoffe qui a servi à la confection de la robe et l'importance du travail exécuté, que c'est là un cadeau royal, ce que le Chaumuong assure, fait au chef kha, ou tout au moins que la robe a appartenu à une femme de qualité. Encore ne devait-on révêtir ce vêtement qu'aux jours d'apparat très probablement.

Elle est composée de bandes d'étoffes de qualité et de couleurs différentes formant des compartiments rectangulaires assemblés sur une étoffe de coton formant le corps de la robe ou mieux la doublure. Chaque compartiment diffère du voisin.

Les uns sont faits de soie brochée bleue tendre ; les autres sont brodées avec de la soie grège et contiennent un médaillon brodé d'une couleur différente et bordé de trois galons de fine passementerie.

Tous les compartiments sont encadrés par une double soutache de soie écrue admirablement faite. En haut et en bas de chaque compartiment une bande de soie genre grenadine découpée très régulièrement en forme d'escargots entoure la robe. Chaque découpure est brodée de fil d'or et de passementerie de soie. Au dessus et au dessous de cette dernière bande se trouve une espèce d'entre-deux brodé, aux couleurs admirables, qui se relie à une autre bande de passementerie découpée qui forme les extrémités, haut et bas de la bande. Cette dernière passementerie est découpée en dents semblables à celles que l'on voit autour de certains drapeaux annamites. Ces dents, d'une régularité impeccable, sont bordées de soie bleue et de soutache très fine et sont toutes de couleurs différentes. Mais toutes ces couleurs sont choisies avec le plus grand goût et forment un tout d'un véritable cachet artistique. Il est douteux que l'on puisse trouver aujourd'hui pareil travail.

La ceinture de la robe était lamée de fils d'argent.

D'après le Chaumuong de Tchépone, ce fut après le sac des villages khas que cette robe tomba entre les mains de ses ancêtres.

Les Phu-Thais s'en furent donc à B. Dong se présenter au roi.

Celui-ci les accepta volontiers et les autorisa à cultiver des terres, mais il fut convenu qu'ils deviendraient ses sujets et qu'à ce titre ils seraient assujettis aux impôts et corvées qu'il lui plairait de leur demander. Le marché fut accepté.

Ces impôts et corvées étaient des plus bizarres. Ils consistaient d'abord en dons d'alcool et de riz que chaque année ils apportaient à Ban-dong.

A la saison froide ils étaient chargés d'entretenir le feu du palais royal et de fournir le charbon de bois nécessaire.

A la saison chaude ils étaient employés à faire de l'air à la famille royale avec des éventails.

Il apparait simplement qu'ils étaient entièrement sous la coupe des Khas et que ceux-ci les tenaient pour ainsi dire en esclavage.

Mais je reviens à la tradition.

Les Phu-thais revenus dans la région de la Sé-noi tâchèrent de se rallier les Khas et de s'en faire des amis.

Ayant décidé de former un Muong ils proposèrent aux Khas la solution suivante :

Celui d'entre eux — Kha ou Phu-thai — qui ferait rentrer une flèche dans le rocher serait nommé Chaumuong.

Les Khas s'escrimèrent en vain à réaliser cette opération sans y parvenir.

Les Phu-thais enduisirent de cire l'extrémité d'une flèche qui, lancée par Thao-Hun resta collée au rocher, ce rocher était le « Pha-bun ».

Thao-Hun fut donc reconnu Chaumuong et ce fut l'origine du Muong-vang actuel. Les habitants prirent le nom de « Thao-ho ».

Dès ce moment les Khas de cette région durent céder devant l'activité des nouveaux arrivants et s'installèrent toujours de plus en plus dans la montagne.

La tradition leur prête toute espèce d'aventures burlesques. C'est ainsi qu'un groupe de femmes khas prirent des chiens comme maris et il naquit de cet accouplement des enfants qui avaient de grands poils et qui s'appelèrent Kha « Xa-Loui ». (1)

Cependant, les Phu-Thais s'étendaient d'année en année.

Le dernier fils du Chao de « Nam-Noi-Oi-Nu », Thao-Hau-Dong alla fonder le Muong de Tchépone.

Le neveu de Thao-Hun alla s'installer sur les bords de la Sé-Xang-So et fonda le Muong de Phalane.

La tradition est muette sur la formation des autres Muongs.

Un fait est cependant rapporté qui se rattache à un monument existant dans la province et qu'il est intéressant de signaler.

Le Chao-Thao-Hun administra le Muong-Vang pendant environ 30 ans. Ce fut son fils Thao-Thib qui lui succéda.

Il était loin d'avoir les qualités de son père ; aussi, après dix ans d'exaction fut-il renversé par les notables du Muong et destitué.

Ne pouvant s'entendre pour la nomination d'un nouveau chef ils décidèrent d'aller à Vientiane, demander un membre de la famille royale pour en faire un Chaumuong.

Le roi leur donna une de ses femmes qui était enceinte et qui s'en vint avec eux.

Cette femme se mit à la tête de l'administration du Muong et s'y montra supérieure.

Elle eut bientôt un fils qui fut appelé « Phia-Vang-Noi » et qui fut la souche de la famille qui dirigea pendant de longues années le Muong-Vang.

Pour commémorer la mémoire de « Nang-Lao » les habitants lui construisirent un monument.

Ce monument qui existe encore aujourd'hui sur les bords de la Sé-Noi non loin du « Pha-Bun » est un tât construit de la façon laotienne, c'est-à-dire un amas de briques sans aucune ouverture, d'une hauteur approximative de 20 mètres.

---

(1) Un groupe de ces Khas existe dans le Muong-Vuong mais je n'ai jamais vu de poils sur ces représentants — au contraire.

Cependant celui-ci a une forme particulière qui ne ressemble en rien à ceux existant au Laos. Il est entièrement rond et peut avoir dix mètres de diamètre, et, au lieu de se terminer en flèche très aigue, il est coiffé d'un dôme de forme byzantine aux lignes très nettes.

Presque en face du monument se trouve un puits maçonné en briques qui, d'après la tradition aurait été creusé pour donner de l'eau aux travailleurs. Or, la Sé Noi dans laquelle coule en tous temps de l'eau très claire, passe à 20 mètres de là.

Il y a là, évidemment, un point inexplicable et qu'aucun renseignement ne permet d'élucider.

Mais les Phu-Thais furent vite fatigués du joug kha et ils décidèrent de s'en affranchir.

Ils organisèrent un complot et, profitant de ce qu'ils allaient porter leur tribut au chef kha de B.-Dong, ils l'assassinèrent ainsi que sa famille et réduisirent les villages des diverses tribus.

Cet événement fut sans doute la fin des khas des régions de l'est de la province qui devinrent à leur tour tributaires de Phu-Thais qui les asservirent complètement et en firent des esclaves.

Il est corroboré par le fait que les tribus khas situées au delà de la Sé sang soi sont, encore actuellement, infiniment inférieures à tous points de vue, à celles qui furent en contact avec les Thais du Mékong.

Ces dernières tribus qui portent le nom de « Xuei » s'étaient affinées à ce contact et quelques villages étaient arrivés au même degré de civilisation que les Laotiens.

Les Phu Thais sont, plus tard, descendus jusqu'au Mékong mais ils ont trouvé, dès ce moment, une population qui leur était égale, sinon supérieure en civilisation et qui ne s'est point laissé absorber.

Les villages « Khas Sueis » sont encore aujourd'hui fort nombreux et il serait assez difficile de les reconnaître autrement que par leur langue qu'ils parlent toujours entre eux. Par contre ils ont, pour la plupart, adopté les mœurs laotiennes et appris à lire et à écrire.

De toute cette tradition l'on peut induire les faits suivants : c'est que les Khas vivaient bien tranquilles avant l'arrivée des Phu Thais sans que personne ne songeât à s'occuper d'eux. Ce ne fut, très vraisemblablement, qu'après le massacre des Khas par les Phu Thais, que les Annamites s'émurent des troubles qui eurent sans doute leur répercussion à leur frontière et qu'ils intervinrent. Et ce d'autant mieux que ces Khas avaient des relations de vassalité avec la cour d'Annam.

Or, d'après les Annales annamites, cette intervention eut lieu au

XVe siècle. L'on peut donc en inférer que l'arrivée des Phu Thais dans la province date de cette époque.

Quoiqu'il en soit, pendant près de trois siècles l'on ne trouve nulle trace des événements qui ont pu se dérouler dans la province.

Ce n'est que dans la 2me année de Gialong qu'il est fait mention d'une réorganisation de la région.

Tous ces Châus sauf Muong Phong et Phalane, sont rattachés au Phu de Cam Lô (ancien Ai Lao Dinh). Ce ne fut qu'au commencement du règne de Minh Mang (1820) que ces deux derniers Châus furent rattachés à Cam Lô.

C'est d'ailleurs cette même année que le poste d'Ai Lao (Lao Bao) fut créé, vers la 8me année de Minh Mang (1828) ces districts furent érigés en Châus et leurs chefs prirent le nom de Tri-châu.

Les Annamites s'occupaient d'ailleurs en même temps des circonscriptions voisines du Kham Muon et de Lac Hoan (Mahasay) qu'ils érigèrent en phus et huyens.

Depuis longtemps ces populations payaient un tribut à l'Annam qui consistait en : 4 éléphants, 4 buffles, 2 défenses d'éléphant, 7 cornes de rhinocéros, gongs en cuivre, étoffes, etc.

Cette réorganisation de 1828 avait été faite sur la demande instante des intéressés.

Le sac de Vientiane par les Siamois ne les avaient pas laissés indifférents et ils ne voyaient pas sans terreur arriver l'heure de l'invasion de leurs régions.

C'est en effet vers 1830 que les Siamois tentèrent d'envahir la province. Mais ils furent repoussés par le général annamite Pham van Diên.

Toutefois, quelques années plus tard ils s'avancèrent jusqu'à Muong Cham phone Muong Phong et Phalane qu'ils occupèrent.

C'est de cette époque, que date, très probablement, la formation des Muongs de Songkhone, où se tenait le chef siamois, Sanoumane et Muk Dahan.

Les Châus de l'Est continuèrent à payer leur tribut à l'Annam comme par le passé.

Les événements qui bouleversèrent le Laos de cette époque jusqu'en 1885 ne paraissent pas avoir eu de répercussion dans la province.

L'invasion des Hos, le sac de Luang-Prabang, les malheurs du Tran-Ninh furent sans effet sur la tranquillité de la région.

Ce n'est que vers 1886 que les Siamois envahirent systématiquement la rive gauche et pénétrèrent dans les régions qui constituent aujourd'hui la province de Savannakhet.

Ils occupaient déjà, ainsi que nous l'avons vu, toute la région comprise entre le Mékong et la Sé Ta Moc.

Ils envoyèrent alors, sous prétexte de faire des reconnaissances topographiques, des détachements de troupes dans toutes les directions.

Toute la région fut occupée militairement. Des petits postes d'arrêt furent bâtis sur tous les principaux sentiers venant d'Annam. Certains villages avaient de petites garnisons. Les Siamois percevaient les impôts, levaient des soldats et agissaient comme en pays conquis, commettant toutes sortes d'exactions. Leur quartier général était à Nong Khay sous le commandement du frère du roi de Siam.

Les postes occupés par les Siamois dans la province étaient les suivants :

Ang Khâm — Muong Vang	22 hommes
Muong Phine.	14 hommes
Huei Xan, Gros village à 2 heures de Laobao à l'ouest.	14 hommes
Tchépone.	42 hommes
Muong Nong	14 hommes
Xieng Hom	« ? —
A Xoc - village situé - 2 jours de Cam Lô, au nord de Pha Bang	16 hommes
Pha Bang	«

Lang Sen }
Lam Bui } villages khas sur le versant annamite au nord-est de Laobao
A Doa }

Ils occupaient donc tous les débouchés vers l'Annam. Seul le poste de Laobao était occupé par nos miliciens mais il était débordé au nord par les postes siamois de Lang Sen, Lam Bui et A Doa.

Ces trois derniers postes paraissent d'ailleurs avoir été occupés ultérieurement et au mépris de la convention de 1889 passée entre les gouvernements français et siamois par l'intermédiaire de notre consul, M. Pavie.

Une grande partie des habitants et presque tous les mandarins avaient fui devant les Siamois et cherché un refuge en Annam dans le Phu de Cam Lô auxquels ils étaient rattachés depuis bon nombre d'années.

Il est à présumer que les Siamois, sentant que, sous l'action de M. Pavie qui avait commencé son enquête à Luang-Prabang, l'heure des règlements allait sonner, s'efforçaient d'occuper la plus grande partie de territoire disponible, espérant sans doute que nous considérerions comme acquis les empiètements qu'ils avaient effectués au mépris de tous droits, habitués qu'ils étaient en outre à notre politique de tergiversation.

Cependant ils continuaient leurs empiètements sans s'occuper des conventions établies. Le Gouvernement de l'Indochine comprit enfin la nécessité de ne pas attendre l'issue des conférences diplomatiques engagées et, sur l'initiative de M. Brière, alors Résident Supérieur en Annam, M. de Lanessan, Gouverneur général, prit un arrêté en date du 30 septembre 1893, donnant aux Châus laotiens relevant d'Annam un régime politique en harmonie avec leur ancienne organisation.

C'était passer enfin aux actes.

L'arrêté en question divisait la région comprise entre le Mékong et les provinces de Quang-tri, Quang-binh, Ha-tinh et Nghê-an en deux Dao.

Le premier dont le chef-lieu était Songkhône comprenait les neuf Châus laotiens primitivement soumis à l'Annam. C'était la province de Savannakhet actuelle moins les Muongs de Kantabuli, Lahanam, Sanoumane et Songkhone qui furent formés plus tard.

Le seconde, dont le chef-lieu était Kham Muon comprenait tous les Muongs qui forment actuellement la province de Kam Muon.

Les populations devaient élire leurs mandarins et étaient astreintes au paiement de deux dixièmes de tael par tête (deux ligatures environ — 0,20 cents).

Ce fut M. Garnier, à cette époque chancelier de Résidence, plus tard Résident Supérieur au Laos, qui eut l'honneur de porter le premier notre drapeau vers les rives du Mékong pour la région de Songkhone ; et M. Luce, ancien Gouverneur Général p. i. pour la région du Kham Muon.

L'occupation de la région se fit d'ailleurs sans coup férir. Les postes siamois surpris de notre initiative, se replièrent devant nous tout en essayant de nous montrer à la population sous les plus mauvais aspects et de pousser devant eux le plus de monde possible.

MM. Garnier et Luce arrivèrent néanmoins sans encombre à leur destination et, de suite, M. Garnier put travailler à l'organisation du nouveau et vaste pays confié à ses soins.

Il n'en fut pas de même au Kham Muon où l'organisation siamoise était plus solide et où elle était surtout commandée par un mandarin énergique et plus actif.

En outre, les rebelles annamites poursuivis en Annam trouvaient un refuge certain dans cette partie du Laos et il fallut à plusieurs reprises engager de fortes parties pour s'en rendre maître et les empêcher de se réformer.

L'action diplomatique durait toujours quand arriva l'affaire de l'inspecteur de la Garde Indigène Grosgurin.

Construction d'une route de la province
de Savannakhet.

Village-Kha.

Envoyé en escorte par M. Luce, sur la demande expresse des Siamois qui commençaient enfin à évacuer la région, M. Grosgurin fut lâchement assassiné par le mandarin siamois en personne alors qu'il était dans son lit terrassé par un accès de fièvre.

Ce lâche attentat eût pour résultat de clore nos conversations avec le Siam.

Nos canonnières montèrent à Bangkok où fut rapidement signé le traité du 3 octobre 1893 qui reconnaissait nos droits sur toute la rive gauche du Mékong que nous occupâmes effectivement aussitôt.

M. le chancelier de Résidence O'dhendal succéda à M. Garnier dans l'administration du Dao en 1894.

Ce fut par arrêté du 16 avril 1895 que le chef-lieu de la province fut transféré à Savannakhet.

Le centre de Savannakhet dont l'emplacement avait été choisi par M. O'dhendal est situé en face du siège d'un ampheu siamois : Ban Muk Dahan.

A cette époque le Muong de Muk Dahan, nom d'une pierre précieuse que, parait-il, l'on trouvait dans un ruisseau du Muong, englobait les deux rives du Mékong et s'étendait jusqu'à la chaîne des Phu Chang He. Il ne comprend plus aujourd'hui que la rive gauche du Mékong sous le nom de Muong de Kantabuli.

Le nom de Savannakhet fut donné par les bonzes et signifie « porte du ciel ».

L'occupation française fut un véritable bienfait pour le pays qui recouvra enfin la tranquillité qu'il avait perdu depuis si longtemps.

Cependant en 1902 un événement vint encore un instant troubler la quiétude des habitants.

Un individu sujet laotien s'étant installé dans un endroit désert de la rive droite se mit à pratiquer l'ascétisme et à faire des prédictions. Il attira vite l'attention de la population sur sa personne. Il promettait d'ailleurs tout espèce de bonheur à ceux qui viendraient s'installer avec lui et qui lui obéiraient.

Lorsqu'il eut un certain nombre d'adhérents il leur persuada qu'il fallait aller attaquer Kammarat et de la rive française, les assurant que personne ne pouvait leur faire aucun mal et qu'ils étaient invulnérables, même aux balles des fusils européens.

Il conduisit sa bande, qui se grossissait de tous les malandrins des villages traversés, à Kemmarat qui fut pillé.

Après cet exploit, ils franchirent le Mékong et se rendirent à Songkhone où se trouvait le bureau de postes français.

Le bureau fut pillé et incendié. L'agent des Postes dut s'enfuir avec les papiers et la caisse.

De Songkhone, ils se dirigèrent sur Savannakhet en nombre considérable. Mais là ils furent accueillis par la brigade de garde indigène qui en tua un certain nombre et mit les autres en fuite.

La bande se dirigea alors vers Tchépone où elle se dispersa après avoir pillé quelques villages. Quelque temps après les principaux meneurs furent arrêtés et incarcérés.

Ainsi finit cette échauffourée qui aurait pu prendre des proportions beaucoup plus importantes s'il avait existé plus de cohésion dans les bandes en mouvement. Elle démontre la facilité avec laquelle la population laotienne se laisse entraîner et le danger qu'il peut y avoir à laisser prendre, par certains esprits, un ascendant quelconque sur elle, surtout au point de vue religieux, malgré l'indifférence dans laquelle semble se complaire le Laotien.

Depuis cette époque rien n'est venu troubler la tranquillité de la province qui n'a cessé de prospérer sous l'administration française.